МОЛОДШІ УЧНІ
ВСЕ ПРО СОБАКИ

ШАРЛОТТА ТОРН

авторське право на Thomasine Media 2023
зображення ліцензовані та належать їхнім відповідним власникам.
www.thomasinemedia.com
ISBN: 979-8-8690-0101-6

МОЛОДШІ УЧНІ

ВСЕ ПРО
СОБАКИ

ШАРЛОТТА ТОРН

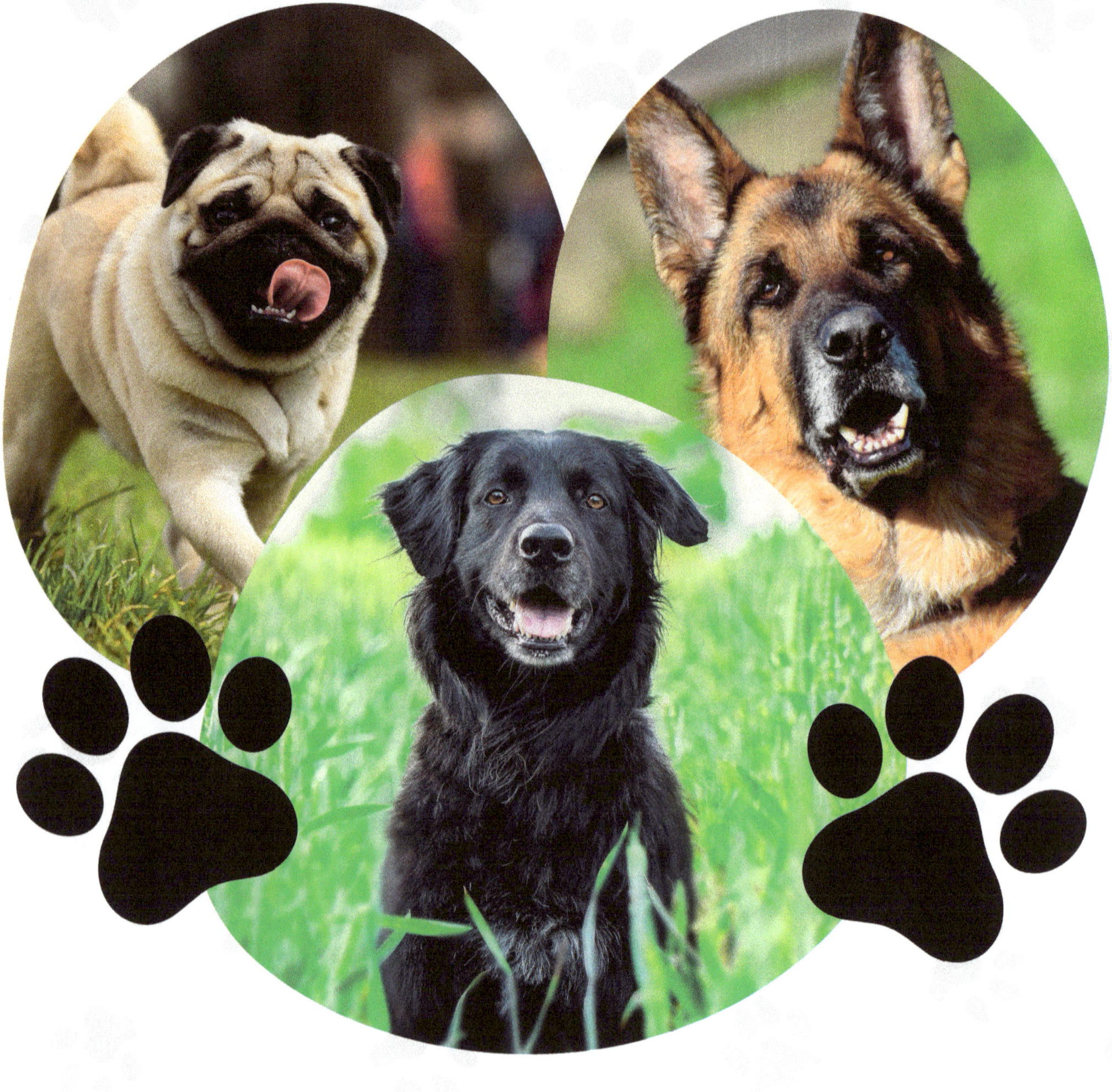

Собак часто називають найкращими друзями людини. Це дивовижні тварини, які живуть з людьми дуже довго.

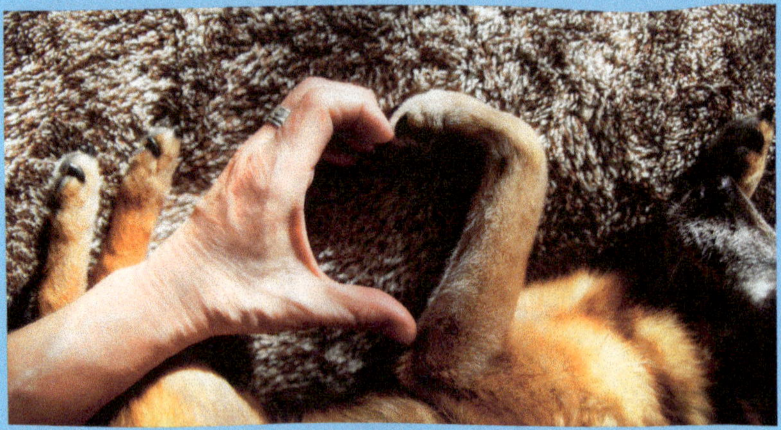

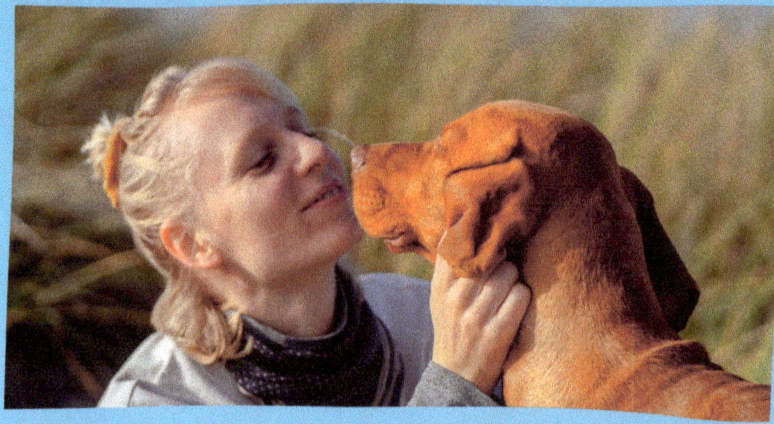

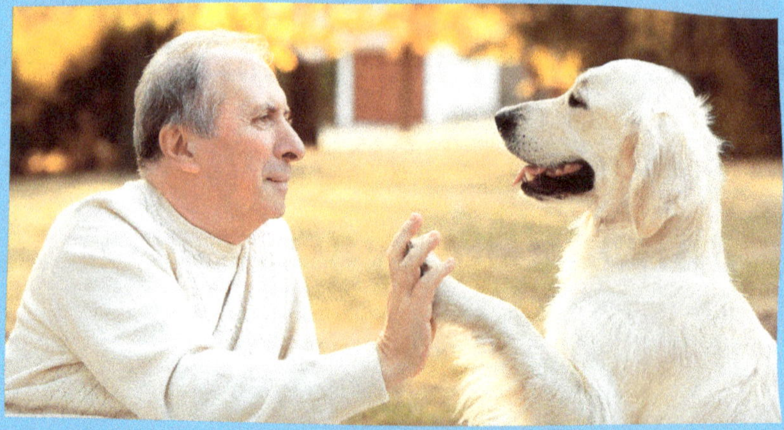

Приручення собак сягає аж до сірого вовка. Одомашнення означає, що люди приручили тварину, щоб жити з нами.

Завдяки селекційному розведенню люди створили різні типи робочих місць для собак!

У Стародавньому Єгипті у бога Анубіса була голова шакала, тварина, споріднена собакам.

Відомий наскальний малюнок у Європі зображує стародавніх людей, які полюють із стародавніми собаками.

Під час війни собаки служили бойовими тваринами і допомагали солдатам у небезпечних роботах.

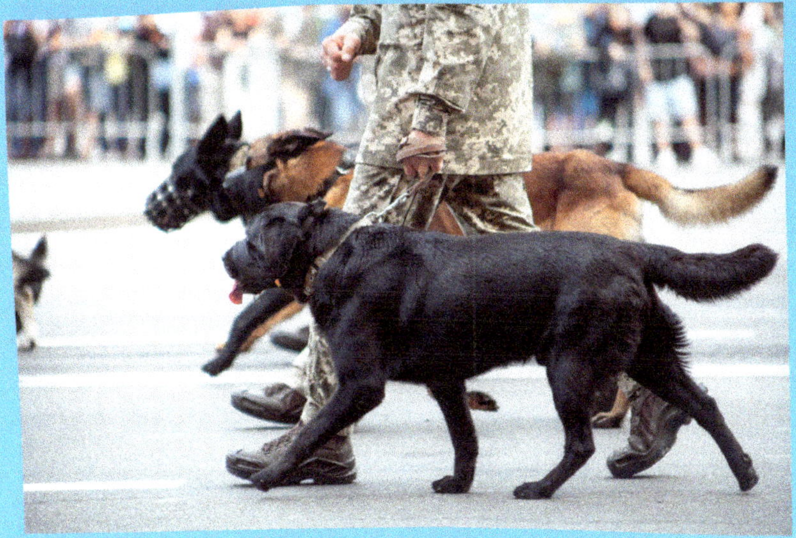

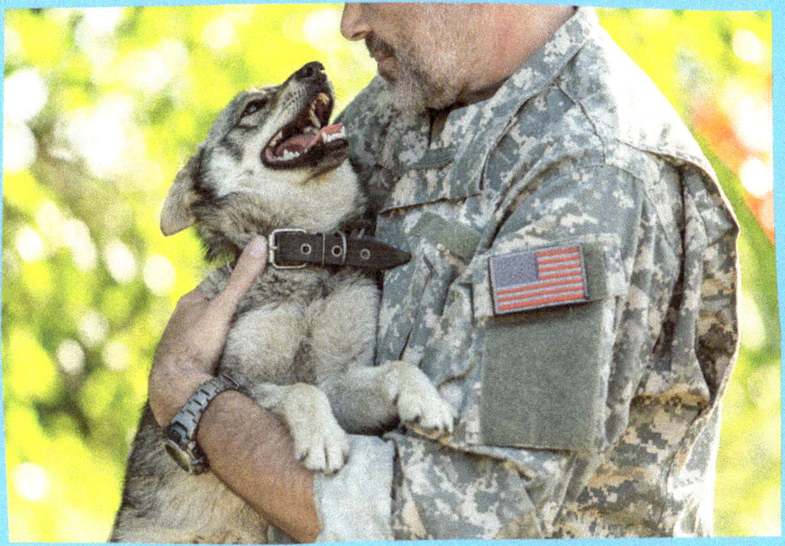

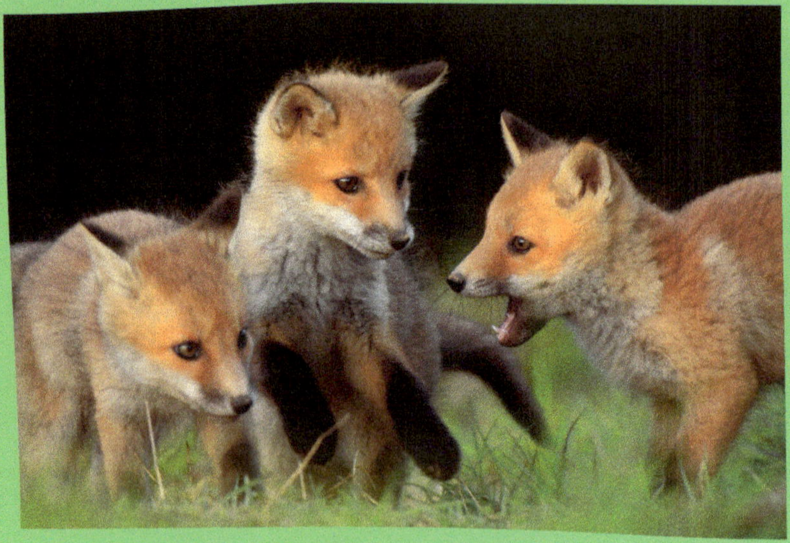

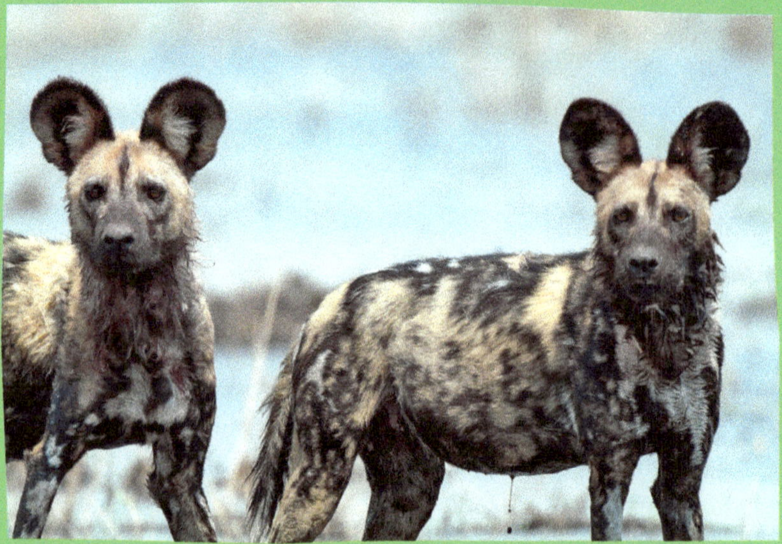

Собаки належать до сімейства Canidae. До сімейства псових належать також вовки, лисиці та інші дикі собаки.

Собаки можуть відчувати багато речей, оскільки вони мають 300 мільйонів рецепторів.

Слух у них неймовірний. Вони можуть чути високочастотні звуки, яких ми не чуємо.

Є багато відомих собак у всьому світі.

Грубий коллі Лессі є іконою в книгах, фільмах і на телебаченні. Вона відома своїми рятувальними місіями.

У 1925 році хаскі Балто керував упряжкою їздових собак через Аляску. Вони доставляли важливі ліки хворим людям.

Німецька вівчарка Рін Тін Тін була одним із найвідоміших кіноакторів і вважається першою у світі кінозіркою про собак.

Давайте подивимося на різні породи собак.

Лабрадори-ретривери - доброзичливі собаки. Вони люблять воду.

Німецькі вівчарки розумні і сильні. Вони робочі собаки і мають захисні риси.

Золоті ретривери - грайливі, популярні породи. Вони красиві та наповнені індивідуальністю.

Бульдоги зморшкуваті і мають кремезне тіло. Вони ласкаві цуценята.

Біглі - допитливі собаки, їх використовують на полюванні. У них висунуті вуха.

Пуделі є однією з найрозумніших порід собак і відомі як химерні собаки.

Ротвейлери - сильні собаки. Вони милі діти.

Йоркширські тер'єри – це маленькі пучки енергії. Вони носять довге пальто і люблять подорожувати в сумочках.

Боксери грайливі цуценята. Вони мають квадратну голову і люблять бути активними.

Такси - довгі собаки типу "хот-дог", що робить їх унікальними. У них великий дух для маленького тіла!

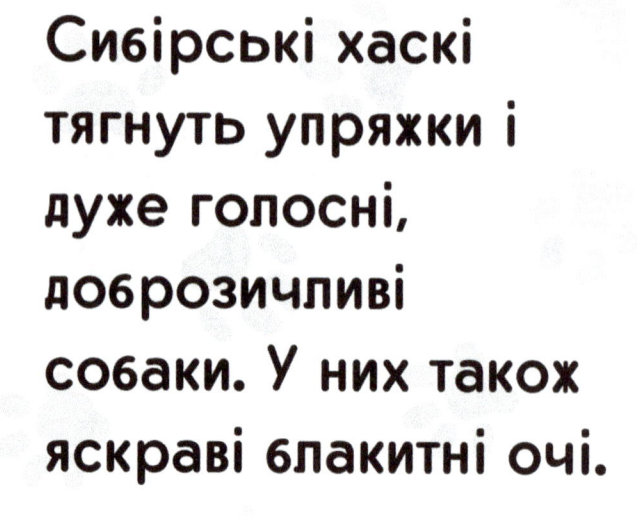

Сибірські хаскі тягнуть упряжки і дуже голосні, доброзичливі собаки. У них також яскраві блакитні очі.

Добермани - витончені, сильні собаки. Вони є захисниками.

Ши-тцу - маленькі болонкові собачки. Це дуже доброзичливі домашні тварини.

Доги - дуже високі собаки. Вони можуть бути дуже солодкими.

Бордер коллі спритні та кмітливі. У них багато енергії.

Шетландські вівчарки - собаки, що чують. Вони відомі своєю густою гривою хутра.

Чихуахуа маленькі, але мають велике серце. Вони милі, коли їх поважають.

Вельш-коргі пемброк маленькі, але мають великі вуха. На диво, вони чують собаки.

Сенбернари відомі своєю рятувальною роботою. Вони ніжні велетні.

Австралійські вівчарки - розумні і спритні вихованці. Вони працюють пастушими собаками.

Мопси маленькі, зморшкуваті милашки. У них дуже грайливий, але впертий характер.

Аляскинські маламути є їздовими собаками і можуть виживати в холодному кліматі.

Австралійські тер'єри маленькі, з грубою шерстю. Вони чудові домашні тварини.

Басенджі мають йодлеподібні вики. Вони надзвичайно розумні та незалежні собаки.

Бішон фрізе схожий на хмари. У них життєрадісні характери.

У бладхаундів опущені вуха і відмінний нюх. Вони також використовуються при порятунку.

Бостон-тер'єри мають смокінгові пальто. Вони дружні цуценята.

Кавалер-кінг-чарльз-спанієль має найкращий характер, а також красиву шерсть.

Кокер-спанієлі мають довгі шовковисті вуха та виглядають класно.

Англійські мастифи - гігантські собаки! Вони спокійні та милі.

Акіти - благородні домашні тварини. Вони відомі своєю густою шерстю.

Мальтійці — це акуратні маленькі білі собачки, і вони люблять увагу.

Бірманські зенненхунди дуже великі, але дуже ніжні.

Померанці – пухнасті собачки. Вони мають сміливий характер.

Родезійські риджбеки мають «хребет» волосся на спині. Їх використовують для полювання.

Ірландські сетери - елегантні, яскраві собаки. Вони відверті красуні.

Вуха папийона схожі на метеликів. Вони доброзичливі милашки.

Віппети надшвидкі та дуже спритні, а також ніжні з людьми.

Шарпеї дуже зморшкуваті. Це віддані та захисні собаки.

Далматинці - енергійні собаки і є офіційним символом пожежників.

Собаки щодня допомагають людям.

Багато собак працюють як службові тварини, допомагаючи людям з обмеженими можливостями.

Пошуково-рятувальні собаки розшукують зниклих безвісти під час катастроф.

Пліч-о-пліч із поліцією працюють собаки. Цуценята, які не пройшли навчання, потрапляють в люблячі сім'ї.

Собаки-терапевти надають емоційну підтримку людям у лікарнях і громадській безпеці.

Собаки є важливою частиною нашого повсякденного життя. Важливо доглядати за собаками. Вони не тільки працьовиті, але й важливі члени наших сімей!

Milton Keynes UK
Ingram Content Group UK Ltd.
UKHW051032011223
433548UK00004B/31